Inhalt

Biokraftstoffe

Kernthesen

Beitrag

Fallbeispiele

Weiterführende Literatur

Impressum

Biokraftstoffe

I.Zeilhofer-Ficker

Kernthesen

- Immer knapper und teurer werdende Mineralöl-Reserven verlangen nach der Entwicklung von alternativen Kraftstoffen.
- Die EU-Biokraftstoff-Richtlinie schreibt einen Anteil von mindestens 5,75 Prozent von Biotreibstoffen am gesamten Kraftstoffverbrauch bis spätestens zum Jahr 2010 vor.
- Rapsölfettsäure-Methyl-Ester (RME), besser bekannt als "Bio-Diesel", hat in Deutschland mittlerweile einen Marktanteil von mehr als zwei Prozent erreicht.
- Große Hoffnungen setzt man auf die Weiterentwicklung des Biomass-to-Liquid (BtL)-Verfahrens zur Flüssigtreibstoffgewinnung aus Biomasse.

- Dieser synthetische Sprit aus Biomasse ist beträchtlich umweltfreundlicher als konventioneller Diesel, die Schadstoff-, Russpartikel- und CO_2-Emissionen sind wesentlich geringer.
- Das synthetische Sunfuel soll bis in spätestens 10 Jahren zu konkurrenzfähigen Preisen an den Tankstellen erhältlich sein.

Beitrag

Biologische Alternativen zum Erdöl

Große Teile unserer Wirtschaft, unserer Versorgung und unserer Mobilität sind heutzutage von Erdöl abhängig. Steigende Rohölpreise sind nicht nur durch die größere Nachfrage aus den Schwellenländern der Welt zu erklären, sondern auch durch die Tatsache, dass die weltweiten Erdölreserven teilweise schwer zugänglich und endlich sind. Experten gehen davon aus, dass die Mineralölreserven der Welt in spätestens 50 Jahren ausgebeutet sein werden. (1), (5)

So ist es kein Wunder, dass selbst Mineralölkonzerne anfangen, Alternativen zu Mineralölen zu erforschen und zu testen. Die Politiker in Deutschland und Europa setzen dabei auf Kraftstoffe aus nachwachsenden Quellen, die über wesentlich günstigere Umwelteigenschaften verfügen. (1), (2), (3)

Nach der EU-Biokraftstoffrichtlinie muss der Anteil von Bioenergien am gesamten Kraftstoff-Verbrauch bis zum Jahr 2010 auf mindestens 5,75 Prozent anwachsen. Deshalb wurde in Deutschland zum Januar 2004 ist die Beimischung von bis zu fünf Prozent Biosprit zum konventionellen Treibstoff erlaubt. Im Oktober stellte Bundesministerin Künast außerdem eine Plattform vor, die den Informationsaustausch über Forschung und Entwicklung von BtL-Technologien erleichtert. Und noch bis mindestens zum Jahr 2009 sind biologische Kraftstoffe von Mineralöl- und Ökosteuer befreit. (2), (3), (4)

Biokraftstoffe

Schon heute sind weltweit Fahrzeuge unterwegs, die mit Treibstoffen aus biologischen Quellen angetrieben werden. Bei uns am verbreitetsten ist das als Biodiesel bekannte Rapsölfettsäure-Methyl-Ester (RME). Das Äquivalent für Otto-Motoren ist das Bioethanol aus zucker- oder stärkehaltigen Pflanzen, das vor allem in Südamerika sehr beliebt ist. Da beide Treibstoffarten aber einige Nachteile gegenüber Mineralöltreibstoffen aufweisen, konzentriert sich die Industrie auf die Weiterentwicklung des viel versprechenden Biomass-to-Liquid-(BtL)-Verfahrens. Der synthetische BtL-Sprit, der in kleinen Mengen bereits produziert wird, verfügt bei höheren Wirkungsgraden über wesentlich bessere Umwelteigenschaften als Diesel auf Mineralölbasis. (5), (6)

Biodiesel - Rapsölfettsäure-Methyl-Ester (RME)

Rund eine Million Tonnen Produktionskapazität für Biodiesel ist in Deutschland vorhanden und soviel wird in 2004 in etwa auch umgesetzt werden. Über zwei Prozent des Dieselverbrauchs wird damit aus biologischen Quellen abgedeckt. Vor allem bei Fuhrparkbetreibern und anderen Großbetrieben ist das RME beliebt. Denn durch den Preisvorteil von zwischen 10 und 15 Cent pro Liter zum konventionellen Diesel sind die Umrüstungskosten bei hohen Fahrleistungen schnell amortisiert. Grund für den Preisunterschied ist die Befreiung der Biokraftstoffe von der Mineralöl- und Ökosteuer. (2), (7), (8)

Otto-Normal-Verbraucher ist trotzdem noch eher selten zur Nutzung des Biodiesels bereit. Immer wieder werden technische Probleme gemeldet, da das Biodiesel eine aggressive Wirkung auf Lack, Gummi und Kunststoff zeigt. Außerdem zieht das Biodiesel Wasser an und kann so zu Problemen mit der Einspritzanlage führen. Einige Auto-Hersteller bieten als Abhilfe Bio-Diesel-Pakete an. Auch die mittlerweile erfolgte Qualitätsnormierung (DIN 51606 und EN 14214) von Biodiesel verringert die Gefahr von technischen Ausfällen. (2), (7), (9)

Der Großteil der Mineralölkonzerne hat zwischenzeitlich begonnen, bis zu fünf Prozent Biodiesel dem Mineralöldiesel beizumischen, um den Steuervorteil auszunutzen. Diese Beimischung halten selbst kritische Kfz-Experten für unbedenklich. Die Nachfrage nach Biodiesel dürfte so in Europa in den nächsten Jahren kräftig ansteigen. Allerdings ist die Produktionskapazität in Deutschland durch die limitierten Anbauflächen begrenzt. (8), (9)

Für die Umwelt bedeutet jeder verkaufte Liter Biodiesel eine Entlastung - bis zu 65 Prozent CO_2-Minderung und keine Schwefeldioxidemissionen. (9)

Bioethanol (Bioalkohol)

Bioethanol (Bioalkohol) weist ebenfalls über gute Emissionswerte vor allem im Hinblick auf Kohlendioxid auf. (10)

Das bei uns hauptsächlich aus Zuckerrüben oder Getreide gewonnene Bioethanol kann Benzin zur Verbesserung der Oktanzahl beigemischt werden. Auch hier sind in Deutschland bis zu fünf Prozent Beimischung erlaubt. In Brasilien gibt es Fahrzeuge, die mit einer Mischung von herkömmlichen Benzin und Bioethanol in jedem Mischungsverhältnis zurecht kommen. In Europa ist diese "Flexfuel-Technologie" allerdings nur in Schweden auf dem Markt. (5), (10), (11)

Trotzdem sieht man auch in Europa einen lukrativen Markt für Bioethanol. Würde allen Ottokraftstoffen fünf Prozent Bioalkohol zugesetzt, ergäbe sich allein in Deutschland ein Bedarf von 1,8 Millionen Tonnen pro Jahr. Drei neue Produktionsanlagen sind deshalb in den neuen Bundesländern im Bau. (11), (12)

Ungelöst ist allerdings das Problem mit dem Dampfdruck. Durch Bioethanol erhöht sich nämlich der Dampfdruck des Benzins je nach Konzentration auch über das in der EU erlaubte Maß. Bioalkohol-

Produzenten befürchten deshalb, dass von der Möglichkeit der Beimischung kaum Gebrauch gemacht werden wird, sollte die EU-Norm nicht gelockert werden. (12)

Synthetischer BtL-Kraftstoff

BtL - Biomass to Liquid - ist die Hoffnungstechnologie der Zukunft. Über ein mehrstufiges, patentiertes Verfahren wird Biomasse erst zu Biogas und dann weiter zu flüssigem Dieselkraftstoff verwandelt. "SunFuel", "Biotrol" oder "SunDiesel" nennen die Hersteller den Kraftstoff, der nicht nur eine wesentlich bessere Leistung als mineralisches Diesel bringt, sondern auch über unschlagbare Umweltwerte verfügt. Bis zu 90 % geringere Kohlenmonoxid- und Kohlenwasserstoff-Emissionen, 30 % weniger Partikelausstoß sowie die CO2-neutrale Verbrennung machen das BtL-Diesel zum absoluten Umweltfavoriten. (1), (5), (6), (13)

Allerdings steckt die Technologie noch in den Kinderschuhen und ist im Vergleich zu mineralischen Kraftstoffen (noch) teuer. Als Rohstoff kommt Abfallholz, Pflanzenreste oder andere Biomasse in Frage. Die erste Großanlage zur Produktion von bis zu 15 Millionen Litern SunDiesel pro Jahr ist zur Zeit in

Freiberg im Bau und soll noch dieses Jahr den Betrieb aufnehmen. Eine weitere Großraffinerie ist geplant und soll ab dem Jahr 2008 bis zu 225 Millionen Liter Sprit aus Holz, Stroh und anderen Pflanzenabfällen produzieren. (14)

Ein großer Vorteil des synthetischen Treibstoffs ist die Möglichkeit, ihn speziell auf bestimmte Anforderungen und Motoren zuzuschneidern. Daimler-Chrysler und VW haben deshalb begonnen, mit den Herstellern von synthetischen Kraftstoffen eng zusammenzuarbeiten, um künftige Motoren und Kraftstoffe aufeinander abzustimmen. Neben der besseren Leistung der Motoren erhofft man sich von den SunFuels die Einhaltung der stringenten Emissionsgrenzwerte, die ab 2008 bzw. 2012 in Kraft treten. Einzig limitierender Faktor sind noch die bis zu dreifach höheren Herstellungskosten von BtL-Diesel im Vergleich zu Diesel aus Mineralöl. (15), (16)

Um bis 2030 die von der EU vorgesehenen 30 % Biotreibstoff zu erreichen, sind 250 Millionen Tonnen an Biomasse pro Jahr erforderlich. Dieser Bedarf wird die europäischen Bauern nicht nur vor eine große Herausforderung stellen, er gibt ihnen auch die Chance auf zusätzliche, lukrative, regelmäßige Einnahmen. Es ist zu hoffen, dass die deutschen Bauern ihre Chancen erkennen und ergreifen werden. (5),(16)

Offene Fragen

- Technische Probleme mit Biodiesel
- Dampfdruck-Erhöhung durch Bioethanol
- Anbauflächen für Biokraftstoffe

Fallbeispiele

Von der Möglichkeit, bis zu fünf Prozent Biodiesel beizumischen, machen bisher bereits Aral/BP, Shell/DEA und Total Fina Elf Gebrauch. Shell hat außerdem als erster Konzern mit "Shell V-Power Diesel" einen Kraftstoff auf den Markt gebracht, der fünf Prozent synthetischen Kraftstoff - allerdings aus Erdgas statt Biomasse - enthält. (1), (2), (4), (8)

Die Hamburger Ölmühle AG plant eine Verdoppelung der Produktionskapazitäten für Biodiesel auf 300 000 Tonnen pro Jahr, um der steigenden Nachfrage gerecht zu werden. (18)

Drei neue Anlagen zur Produktion von Bioethanol

entstehen zurzeit in Ostdeutschland, eine Anlage baut Südzucker, die beiden anderen werden unter der Leitung von Claus Sauter errichtet. (12), (19)

In Kanada ist ein Produktionsverfahren entwickelt worden, bei dem Ethanol aus Zellulose (Stroh) gewonnen werden kann. Als Standort für die erste Großanlage kommt auch Ostdeutschland in Frage. (20)

Bei Ford in Schweden kann man für nur 1000 Euro Aufpreis ein Fahrzeug erwerben, das mithilfe der flexfuel-Technologie jede Mischung von Bioethanol mit herkömmlichem Benzin verkraftet. (10)

Choren Industries, Patentinhaber für SunFuel, bauen in Sachsen die erste Anlage zur Produktion von jährlich 15 Millionen Liter. Sowohl Daimler-Chrysler als auch VW nutzen das synthetische SunFuel für Versuche an Testfahrzeugen, bisher mit großem Erfolg. Von einer weiteren Großraffinerie für BtL, die im Jahr 2008 in Pommern in Betrieb gehen soll, erwartet man eine Produktionskostensenkung auf nur ca. 50 Cent pro Liter. Dadurch könnte das SunFuel Gewinn bringend an den Tankstellen zu etwa dem gleichen Preis wie mineralisches Diesel verkauft werden. (14)

Weiterführende Literatur

(1) Mayer, Bettina, Kraftstoffe - Diesel aus dem Wald, FOCUS, 19.07.2004, Ausgabe 30, S. 76 - 77
aus taz NRW, 30.06.2004, S. 3

(2) Class, Eva-Maria, Der Freistaat ist Vorreiter beim Anbau des Rohstoffes für Bio-Diesel, Welt am Sonntag, Jg. 57, 06.06.2004, Nr. 23, S. 82
aus taz NRW, 30.06.2004, S. 3

(3) Biokraftstoff soll es richten
aus Darmstädter Echo, 06.10.2004

(4) Konventioneller Kraftstoff ohne Zukunft
Mineralölwirtschaft mischt Bio-Sprit bei und entwickelt synthetische Energieträger / Unterschiedliche Schwerpunkte
aus Frankfurter Rundschau v. 21.07.2004, S.10, Ausgabe: S Stadt

(5) Der Saft der Zukunft
aus Automobil Industrie Nr. 12 vom 15.12.2003 Seite 050

(6) Der Diesel als Kraftstoff der Zukunft? - Dieselanteil an den Neuzulassungen steigt kontinuierlich
aus Going Public, Heft Sonderausgabe "Automotive 2004", S. 10-11

(7) Skepsis bremst den Absatz Biodiesel ist zwar

deutlich günstiger als herkömmlicher Sprit, kaum ein Autofahrer aber tankt den Treibstoff
aus Frankfurter Rundschau v. 08.06.2004, S.36, Ausgabe: S Stadt

(8) Wachstumsmarkt für Biodiesel
aus Ernährungsdienst 33 vom 05.05.2004 Seite 003

(9) Keine Flower-Power
aus AUTOHAUS, Heft 10/2004, S. 64-65

(10) Gastbeitrag "Die Bauern sind die Ölscheichs von morgen"
aus Frankfurter Rundschau v. 30.08.2004, S.9, Ausgabe: S Stadt

(11) "Landwirte müssen künftig auch Energiewirte werden" Landwirtschaftsministerin Renate Künast setzt bei der Suche nach Alternativen zum Öl auch auf die Bauern. Der Markt für Energie aus Biomasse wächst, sagt sie
aus taz, 02.06.2004, S. 4

(12) Südzucker streitet mit Bund über Abgasnorm Vorschrift gefährdet Absatz aus neuer Bioalkohol-Fabrik
aus Financial Times Deutschland vom 08.09.2004, Seite 8

(13) Vollgas für den Sonnendiesel Benzin aus Biomasse statt aus Raps - darin sehen viele Experten die Zukunft der alternativen Treibstoffe. Doch die

Konkurrenz ist noch nicht entschieden
aus taz, 05.10.2004, S. 6

(14) Gemüse im Tank
aus Der Spiegel, 27.09.2004, Nr. 40, Seite 196

(15) Schadstoffemissionen Mit Volldampf zur sauberen Luft - Die CO2-Emission soll gesenkt werden die europäischen Automobilbauer geraten unter Druck
aus kfz-betrieb Nr. 35 vom 26.08.2004 Seite 010

(16) »Energetische Nutzung von Biomassen« (Velen VI) - Schwerpunkt »Bio-Kraftstoffe«, Bericht über die Fachtagung vom 19. bis 21. April 2004 im westfälischen Velen - Teil 1
aus Erdöl Erdgas Kohle, Heft 7-8/2004, S. 273-276

(17) Nachwachsende Rohstoffe für den Energiesektor
aus Agrarwirtschaft 53 (2004), Heft 5, Seite 189

(18) Produktion von Biodiesel gewinnt an Schwung
aus Ernährungsdienst 51 vom 10.07.2004 Seite 004

(19) Koch, Wolfgang, Die Bauern hoffen auf Treibstoff vom Acker, Stuttgarter Zeitung, 03.06.2004, S. 14
aus Ernährungsdienst 51 vom 10.07.2004 Seite 004

(20) Braune, Gerd, Stroh aus den neuen Ländern im Tank? Stuttgarter Zeitung, 19.06.2004, S. 18
aus Ernährungsdienst 51 vom 10.07.2004 Seite 004

Impressum

Biokraftstoffe

Bibliografische Information der deutschen Nationalbibliothek

Die Deutsche Nationalbibliothek verzeichnet diese Publikation in der deutschen Nationalbibliografie; detaillierte bibliografische Daten sind im Internet über http://dnb.d-nb.de abrufbar.

ISBN: 978-3-7379-1445-1

© 2015 GBI-Genios Deutsche Wirtschaftsdatenbank GmbH, Freischützstraße 96, 81927 München, www.genios.de

Alle Rechte vorbehalten. Dieses Werk ist einschließlich aller seiner Teile – z.B. Texte, Tabellen und Grafiken - urheberrechtlich geschützt. Jede Verwertung außerhalb der Grenzen des Urheberrechtsgesetzes bedarf der vorherigen Zustimmung des Verlags. Dies gilt insbesondere auch für auszugsweise Nachdrucke, fotomechanische Vervielfältigungen (Fotokopie/Mikroskopie), Übersetzungen, Auswertungen durch Datenbanken oder ähnliche Einrichtungen und die Einspeicherung und Verarbeitung in elektronischen Systemen.